Dan Richter

Vierzehn Weisheiten für Impro-Spieler

© Dan Richter
Internet: www.danrichter.de

Herstellung und Verlag:
BoD - Books on Demand, Norderstedt
ISBN 978-3-8482-5659-4

Diese vierzehn Weisheiten sollen Anregung und Inspiration sein, als Blockadebrecher dienen und die Rückbesinnung auf grundlegende Improvisations-Tugenden erleichtern.

HAB KEINE ANGST

Wovor fürchten sich Menschen am meisten? Vor dem Unbekannten.

Womit haben wir es in der Improvisation zu tun? Mit dem Unbekannten.

Unsere Angst zu überwinden, sie positiv zu wenden, sie hinter sich zu lassen und sich dem Spiel zuzuwenden – dieser Herausforderung müssen wir uns immer wieder stellen. Spring mit einem kräftigen inneren „Hurra!" in die Szene.

Die Angst vor dem Unbekannten verschwindet oft schon, indem wir so tun, als hätten wir keine Angst. Der Trick ist alt aber bewährt: Man pfeift im Walde, und schon verschwinden die Monster.

Ein tief eingebrannter Reflex lässt uns skeptisch werden, Nein sagen, uns zurückziehen, wenn wir dem Unbekannten begegnen. Sag Ja. Geh voran. Riskiere es, mit Freude zu scheitern.

Aber die Angst ergreift nicht nur Anfänger.

Angst vor dem Urteil anderer

Wohl jeder hat schon befürchtet, auf andere peinlich zu wirken. Selbst Profi-Impro-Spieler tappen in die Falle, auf Nummer Sicher zu spielen, weil irgendein Herr Wichtig im Publikum sitzt, von dessen Urteil man sich etwas verspricht oder dessen Urteil man fürchtet. Aber Spiel, das von Angst geprägt ist, wirkt gewollt und stumpf. Schüttle deine Angst ab und deine eigenen hohen Erwartungen gleich mit. Denn nur das befreite Spiel hat Charme.

Angst vor dem eigenen Urteil

Die Vernunft findet keinen Grund fürs Spiel, und so stellt sie sich immer wieder die Frage, ob das, was wir da tun, auch wirklich gut ist. Natürlich ist die Suche nach künstlerischer Qualität sinnvoll. Sie darf aber dem Spieltrieb nicht in den Weg geraten. Nimm dir also immer wieder mal die Zeit, Grenzen auszutesten, auch auf die Gefahr hin, zu scheitern. Oft gelangt man gerade bei solchen Gelegenheiten zu neuer Qualität und zu neuen Formen.

Angst vor den Großen

In jeder Kunst gibt es Giganten. Die Frage ist nur, ob man sich von ihnen inspirieren oder erschlagen lässt. Solange Brahms sich an Beethoven maß, gelang ihm keine Sinfonie. Vergleiche dich nicht zu oft mit anderen. Eitelkeit ist nämlich auch eine Form der Angst. Finde deine eigene Stimme und vertrau ihr.

Prüfe von Zeit zu Zeit, ob sich die Angst nicht durch ein Hintertürchen eingeschlichen hat. Je nachdem, was für ein Typ wir sind, bricht sie sich auf unterschiedliche Weise Bahn. Wir erkennen sie,

- wenn wir häufig „Nein" sagen,

- wenn wir aggressiv spielen,

- wenn wir vorsichtig spielen,

- wenn wir uns übermäßig zurückhalten und uns nicht engagieren,

- wenn wir Kontrolle suchen,

- wenn wir vorausplanen

- und wenn wir Sicherheiten suchen, die es in der Improvisation nicht geben kann.

Hab Mut, und alles wird gut.

AKZEPTIERE

Sag einfach Ja. Akzeptieren ist die Grundlage jeglichen Improvisierens. Im Alltag verhalten wir uns oft kritisch, wir prüfen und wägen ab. In der Improvisation würde das uns davon abhalten, in den geistigen Fluss zu kommen. Hier nehmen wir das Unbekannte freudig auf und spielen damit. Öffne dich körperlich und sag ja. Ein *Ja* öffnet Türen, ein *Nein* schließt sie. Trainiere deinen Ja-Muskel.

Akzeptiere die Angebote deiner Mitspieler.

Egal, wie einfallslos oder seltsam dir ein Angebot vorkommt – akzeptiere es. Jedes Akzeptieren ist eine Liebeserklärung an deinen Mitspieler. Jedes Blockieren ist eine Ohrfeige. Je öfter wir das Ja-Sagen und Akzeptieren trainieren, umso leichter fällt es uns, ein positives und kreatives Verhältnis zu den Angeboten unserer Mitspieler zu entwickeln.

Akzeptiere die einmal etablierte szenische Wirklichkeit

Wenn Spieler erst einmal anfangen, über Ort, Personen und Situationen der Szene zu diskutieren, kommen sie nie zur eigentlichen Szene. Falls du also die Bühne mit dem Impuls betrittst, du seist der Pizzabote und wirst als Papst angespielt, dann bist du eben der Papst.

Akzeptiere die emotionale Bedeutung

Wenn dein Mitspieler als Arzt das Angebot macht: „Wir konnten Ihren Sohn leider nicht mehr retten.", dann lass dich emotional berühren, statt mit „Echt? Oh mein Gott! Das ist aber ein großer Mist!" herauszuplauzen. Nur wenn wir in der Lage sind, emotionale Bedeutungen ernst zu nehmen, haben die Szenen eine Chance, Tiefe zu erlangen.

Akzeptiere die Situation

Bereite deine Show gut vor, prüfe die Bühne, den Sound und das Licht, den Zuschauerraum usw. Aber wenn die Show losgeht, dann akzeptiere die Situation, selbst wenn sie nicht optimal ist. Akzeptiere es, wenn weniger Zuschauer als sonst gekommen sind oder sie scheinbar nicht gut drauf sind. Akzeptiere, wenn die Mikros nicht perfekt ausgesteuert sind oder die Bühnenbeleuchtung deine blendende Erscheinung nicht optimal zur Geltung bringt. Die Situation ist, wie sie ist. Spiele mit ihr.

Akzeptiere deine Mitspieler

In jedem Ensemble gibt es früher oder später Diskussionen über Fragen wie den künstlerischen Weg, Proben, Geld oder auch über Kleinigkeiten wie Bühnen-Outfit, Moderation oder wie man mit dem nervigen

Stammzuschauer aus der ersten Reihe umzugehen hat. Diskutiert, findet Lösungen, aber akzeptiere auch die Unzulänglichkeit deiner Mitspieler – ihre Eitelkeiten, Eigenheiten und Schwächen.

Akzeptanz lässt sich nicht einfordern.

Bleib bescheiden. Akzeptiere, dass deine Mitspieler auf der Bühne manchmal blockieren. Du weißt selber, dass das auch Profis immer wieder mal unterläuft. Mach das Beste draus und spiel!

Akzeptiere deine eigenen Angebote.

Hör dir selbst zu, und behandle das, was du gesagt hast, genauso sensibel wie die Angebote deiner Mitspieler.

SPIELE DAS SPIEL

Was auch immer das Spiel ist – lass dich drauf ein. Spiele es mit ganzem Herzen. Sei nicht schlauer als das Spiel, stelle dich nicht darüber. Ironisiere es nicht. Gib dich ihm hin.

Das gilt sowohl für das „Improtheater-Game" im engeren Sinne als auch für improvisierte Szenen und für Improvisation überhaupt.

In offenen Szenen finde das Spiel.

Spiele mit Zeit und Rhythmus.

Spiele mit Körper und Raum, Stimme und Klang.

Spiele mit Sinn und Bedeutungen.

Spiele mit Sprache.

Sei fokussiert, aber bewahre dir eine spielerische Haltung bei allem, was du auf der Bühne machst. Versuche nicht, etwas „richtig" zu machen, zu erfüllen oder abzuarbeiten. Gehe spielerisch mit „Fehlern" um. Meist wird ein Fehler für den Zuschauer erst zum Fehler, wenn wir ihn als solchen markieren, z.B. in dem wir abbrechen, darüber lachen, etwas korrigieren usw.

Tausend Dinge können einen behindern: Technische Probleme, finanzieller Druck, zu wenige Zuschauer, das Ego der Kollegen, eigene Unzulänglichkeiten. Lass dich von Schwierigkeiten nicht aufhalten. Bleib positiv und spiele mit ihnen.

Akzeptiere das Spiel. Spiele das Spiel.

BEHAUPTE

Die Bühne gehört dir. Nutze sie. Spring ins Unbekannte. Es ist OK zu scheitern, wenn du etwas wagst. Wenn du innerlich aufgibst, bevor du überhaupt angefangen hast, betrügst du dich nur selbst.

In der Improvisation und vor allem im Improvisationstheater müssen wir mit den unbekannten Situationen die uns begegnen, sofort und ohne zu überlegen umgehen: Einen kompetenten Flugzeugpiloten darstellen, ein Gedicht improvisieren, ein Stück im Brecht-Stil spielen, ein Pas de deux tanzen.

Sei mutig und behaupte!

Wenn du glaubst, etwas nicht zu können, dann tu wenigstens so, als könntest du es. Das tatsächliche Können folgt dann oft im zweiten Schritt.[1] Indem wir behaupten, es zu können, tricksen wir nicht etwa das Publikum aus, sondern vor allem unsere Angst zu scheitern. Zuschauer akzeptieren erstaunlich viel, was auf der Bühne geschieht, solange es mit Überzeugung

---

[1] Fake it till you make it.

und Elan dargeboten wird. Wenn wir uns hingegen beim Publikum entschuldigen, und sei es mit einem Schulterzucken, hochgezogenen Augenbrauen oder auch nur innerlich vor uns selbst, wirken wir armselig. Oft genug relativiert das Publikum *erst dann* seine Ansicht über das Gesehene.

In Wirklichkeit machen wir es uns leicht, wenn wir die Latte hochlegen! Wenn ich vor meinem inneren Ich behaupte, eine Opern-Arie singen zu können, werde ich *vielleicht* scheitern, aber sicherlich auf relativ hohem Niveau und mit Engagement. Wenn ich aber von vornherein die Flinte ins Korn werfe, bleibt mir nur der billige Abklatsch oder eine Parodie, die nicht klingt. Als Spieler bleibt man enttäuscht und beim Zuschauer bleibt ein fader Geschmack hängen oder bestenfalls ein billiger Lacher.

SETZ DICH EIN

Behandle jeden Auftritt so, dass es der beste deines Lebens werden könnte. Entgehe der Falle des Abarbeitens: Wenn wir uns nur mit halber Kraft engagieren, weil nur wenige Zuschauer da sind oder weil es „nur ein Gig" ist, zerstören wir allmählich unsere Freude am Improvisieren. In der Improvisation – wie in der Kunst überhaupt – gibt es keine halben Sachen. Spiele mit vollem Einsatz.

Nutze deine körperlichen Fähigkeiten

Theater ist eine physische Kunst. Also nutze alles, was du mit deinem Körper, deiner Stimme, deiner Ausdauer und deiner Kraft zu geben in der Lage bist.

Nutze deine geistige Fähigkeiten

Jeder von uns hat überdurchschnittliche Kenntnisse auf irgendeinem Gebiet. Unterschätze sie nicht, sondern wirf sie ins Spiel. Vermeide es, Dummköpfe zu spielen; die Szene wird dadurch nicht interessanter oder auch nur witziger. Nutze deinen Verstand.

Füge hinzu

Das jeder szenischen Improvisation zugrunde liegende Prinzip heißt „JA UND". Wenn *JA* das Akzeptieren ist, dann steht *UND* für das Hinzufügen eines neuen Angebots für den Partner. Bleib dabei einfach. Je öfter du den Und-Muskel trainierst, umso schöner, schneller, klarer und auch interessanter werden deine hinzugefügten Inhalte.

Triff mutige Entscheidungen

Nichts ist öder als Improspieler, die sich nicht entscheiden können und vorsichtig in ihrem eigenen Saft paddeln. So wichtig es ist, mit dem Partner zusammenzuarbeiten – sei nicht zu höflich. Einen guten Improspieler werden irritierende Angebote eher inspirieren als mickriges Auf-der-Stelle-Treten. Es ist OK, kleine Schritte zu gehen, aber warum nicht auch mal springen?

HÖR ZU

Höre auf die Angebote deiner Mitspieler. Bleib geistig und emotional bei ihnen, statt dir etwas auszudenken. Alles, was du als Inspiration brauchst, kommt von ihnen. Achte auf Inhalte, aber auch auf Bedeutungen. Was deine Partner etablieren, ist das Material, mit dem du spielen kannst.

Lass das Gesagte auf dich wirken. Greife es sofort auf. Oder später.

Führe Material wieder ein. Muster zu erkennen und herzustellen ist nicht nur ein Mittel der Comedy, des Geschichtenerzählens und der Improvisation, sondern ein entscheidender ästhetischer Punkt in der Kunst überhaupt.

Trainiere Zuhören. Trainiere Erinnern.

Denke nicht voraus, sondern bleib im Moment. Wenn wir gleichzeitig zuhören und uns an bereits Geschaffenes erinnern, ähneln wir einem aufmerksam Rückwärtsgehenden: Die Vergangenheit vollständig im Blick und gleichzeitig achtsam für den Moment.

Höre auf den <u>Inhalt</u>. Beziehe dich darauf.

Höre auf die <u>Bedeutung</u>. Birgt ein Satz mehr als das Gesagte? Ist er auch symbolisch oder metaphorisch zu verstehen?

Höre auf <u>Stil und Form</u>. Mit welchem dichterischen Stil haben wir es zu tun? Mit welchem sprachlichen Niveau? Wird die Szene filmisch-realistisch aufgezogen oder theatral in gedichteter Sprache?

Höre auf die „Musik" der Szene. Welchen Rhythmus hat sie? Welches Timing hat die Sprache? Welchen Rhythmus haben die Szenen insgesamt? Dominieren leise oder laute Töne? Als Spieler frage ich mich: Will ich das kopieren oder kontrastieren? Und natürlich: Höre auf die Musik des Musikers.

Entscheidend ist Zuhören auch für die <u>Story</u>: Wenn du gut zuhörst, liegt im Idealfall alles bisher Geschehene und Gesagte vor dir. Du kannst Elemente wiedereinführen und so den erzählerischen Bogen spannen.

SEI WACH FÜR FORMEN

Wenn wir gut zuhören, gibt uns das die Möglichkeit, Formen zu erkennen, zu schaffen und zu gestalten.

Jeder Szenenbeginn birgt die Möglichkeit für unzählige formale Gestaltungen.

Höre auf den Inhalt und sei bereit, das Material verändert wiedereinzuführen. Erst das macht eine Komödie erschütternd komisch, eine Tragödie erschütternd tragisch.

Finde das Spiel der Szene.

Finde das Spiel des Stücks.

Finde das Spiel des Spiels.

Wenn ein Spieler ein szenisches Element wiederholt, ist es eine Wiederholung. Wenn es noch einmal wiederholt wird, wird es zum Spiel.

Sei bereit zu formaler Gestaltung. Sei wach für Formen, die sich aus dem Spiel mit Timing und Raum, mit Sprache und Körper ergeben.

Es geht nicht nur darum, was wir darstellen, sondern wie – in welcher Form – wir es darstellen.

Strebe nach Eleganz.

UNTERSTÜTZE DEINEN PARTNER

Ihr spielt Improtheater als Team. Und nur als Team werdet ihr glänzen. Also unterstütze deinen Partner, und lass ihn gut aussehen. Löse dich von deinem Ego, das vor dem Publikum glänzen will. Fokussiere auf das gemeinsame Spiel.

Du unterstützt deinen Partner am besten, indem du seine Angebote radikal akzeptierst, sie emotional intensivierst und etwas hinzufügst.

Den Partner unterstützen heißt aber nicht unbedingt, der Figur zu helfen, sondern die Figur und die Szene zu verstärken.

Spiele klare Figuren, mach klare Angebote.

Liebe deinen Partner, vertraue ihm.

Wenn du ein blindes Angebot bekommst, nimm es auf und spezifiziere es.

Wenn du ein starkes Angebot bekommst, nutze seinen Schwung.

Erwarte nichts. Gib alles.

UNTERSTÜTZE DIE SZENE

Worum geht es in der Szene? Verstärke das. Frage dich: Was braucht die Szene?

Gehe nicht einfach unmotiviert auf die Bühne, sondern füge etwas hinzu, was dem Stück oder der Szene bisher fehlt.

Oft hilft es dabei, in Kontrasten zu denken.

Energie: Wenn die Figuren bisher in niedriger Energie spielen, braucht die Szene jetzt vielleicht etwas Schwung.

Emotion: Ist die Szene bisher düster, dann wirst du wahrscheinlich als positive Figur benötigt.

Sinn: Tritt die Szene auf der Stelle, brauchen dich deine Mitspieler, um die Konsequenzen zu zeigen.

Figur: Fehlt eine Figur, um die Story abzurunden? Spring hinein. Beachte aber: Nicht jede Figur, von der die Rede ist, muss gezeigt werden. Hab Mut zur Lücke. In großen Ensembles wiederum ist es oft sinnvoll, den Schwung der Größe auszunutzen und einfach zu kopieren, was die anderen tun. Dasselbe gilt für den Beginn einer Szene: Wenn dein Partner mimt,

Kartoffeln zu schälen, kopiere ihn einfach. Das Hinzufügen findet sich, wenn du zuhörst und die Energie der Szene nutzt.

BEOBACHTE DEINE UMWELT

Hab keine Angst vor Klischees. Aber laufe ihnen nicht nach. Das Klischee ist der Feind der Wahrheit. Schöpfe aus der Realität:

Wie verhalten sich Menschen?

Wie sprechen sie?

Was sind ihre Schwächen, und wann wird jemand zum Helden?

Die Realität sollte vor allem das Schauspiel beeinflussen. Man hüte sich vor medial vermittelten Kopien, das führt früher oder später unweigerlich ins Klischee. Und selbst andere Impro-Schauspieler nachzumachen verengt meist eher die eigenen Fähigkeiten. Achte lieber auf den nervigen Busfahrer als auf den TV-Star.

Wo liegen die Geschichten des Alltags? Angefangen von anekdotischen Episoden bis hin zu schwierigen moralischen Entscheidungen liefert uns das alltägliche Erleben das realistische Fundament, ohne dass unsere Geschichten und Charaktere nur heiße Luft bleiben.

Bleib auf dem Laufenden. Interessiere dich für Politik und Wissenschaft.

BEOBACHTE DIE KÜNSTE

Beobachte Kunst und sei offen für andere Kunstformen.

Beobachte die Literatur.

Wie kann ich erzählerische und poetische Mittel für unsere Zwecke nutzbar machen? Welche sprachlichen Formen und Stile kann ich mir aneignen? Lies Gedichte neu. Lies Comics, lies Philosophie. Lies Drehbücher und Theaterstücke.

Beobachte Filme

Unsere narrativen Erwartungen sind heutzutage sehr vom Film geprägt. Welche erzählerischen Mittel kann ich geschickt auf die Improvisationstheater-Bühne bringen? Achte auf Elemente wie Schnitt und Zeitsprünge. Wie funktionieren Genres tatsächlich (und nicht nur als Klischee in unseren Köpfen)?

Beobachte sehr genau die Bühnenkünste

Lerne vom nicht-improvisierten Theater. Welche dramaturgischen Mittel können wir nutzen? Wie funktioniert Bühnensprache? Beobachte Licht und Soundeffekte. Beobachte abstrakte Formen wie Tanztheater.

Beobachte Schauspieltechniken. Beobachte besonders die Pantomime – wie können wir sie nutzen? Genieße auch die Kleinkunst in Maßen – Comedy, Jonglage, Zauberei. Wie geht man mit Publikum um?

Beobachte die Musik

Höre vor allem auf Lieder. Höre alles. Von Oratorien über Free Jazz bis zu Death Metal. Probiere, parodiere, imitiere, übernimm. Nachahmen öffnet den Zugang zu Stilen, die man sonst ablehnt.

Beobachte fremde Künste

Architektur, Bildhauerei und Malerei können dich beeinflussen, auch wenn du nicht immer unmittelbare Verwendung für sie im Improtheater findest. Bleib offen.

Und schau natürlich so viel wie möglich Improtheater.

Sei nicht allzu enttäuscht über schlechte Shows, du wirst bei ihnen wahrscheinlich genau so viel lernen wie bei guten. Frag dich: Warum funktioniert das eine, das andere aber nicht? Urteile nicht zu schnell. Lerne von Einstellungen des Künstlers zur Improvisation, lerne von künstlerischen Strukturen. Hüte dich vor der Verführung, gute Spieler, Ensembles, Shows usw. eins zu eins zu kopieren, sonst ahmst du am Ende nur Manierismen nach.

Probiere aus. Kopiere und mach alles anders. Auf deine Art. Entdecke die Möglichkeiten, und gib ihnen deine eigene Stimme.

WISSE BESCHEID

Stelle alles, was du auf der Bühne tust, kompetent dar. Die Impro-Welt wimmelt leider von grobmotorischen Chirurgen, dummen Bürokraten, und „Mein erster Arbeitstag"-Szenen.

Kenne die Schauplätze. Wisse, wo sich die Gegenstände befinden. Verplemper deine Improzeit nicht damit, irgendwas zu suchen. Genauso gut kann es links neben dir liegen.

Definiere, was du nicht weißt. Wenn dir dein Partner ein blindes Angebot macht, definiere es flink, statt zu fragen.

Antworte statt zu fragen. Wenn du fragst, füge Inhalt hinzu.

Spiel nicht zu oft Dummköpfe und Betrunkene. Je blöder die Figur, desto flacher ist sie. Wenn du Kinder darstellst, spiele sie nicht doof, sondern angemessen kompetent.

Baue dein Wissen ein. Hab keine Furcht vor deinen Wissenslücken. Die haben wir alle. Wenn du Wissen und Kompetenz aus deinem persönlichen Alltag einbettest, dann werden die Szenen plastischer und glaubwürdiger. Spiele spezifisch. Das Allgemeine ist der Feind der Kunst, das Spezifische ist ihr Freund.

Nutze dein Spezialwissen. Jeder hat Gebiete, auf denen er mehr weiß als andere. Scheue dich nicht, dieses Wissen einzubauen. Das kann völlig unprätentiös geschehen: Wenn du etwa Vogelarten kennst, benenne sie nebenbei.

Scheue dich nicht, „große" Themen auf der Bühne anzusprechen, zu philosophieren. Du kannst nicht falsch liegen, du spielst ja eine Rolle.

Spiel nicht unter deinem Niveau. Wenn du gut singen kannst, dann singe nicht absichtlich schief, um mit dem Dilettantismus zu kokettieren.

TRAINIERE

Viele Improspieler glauben, die einzige Entwicklung des Improspielers bestünde darin, immer neue Games und Show-Formate zu lernen. Diese nützen zwar. Entscheidend aber ist immer wieder, die schauspielerischen, erzählerischen und improvisatorischen Fähigkeiten zu trainieren und dieses Training hört niemals auf. Um nicht zu erstarren, brauchen wir neue Inspirationen und auch Feedback von Kollegen und Lehrern.

Als Schauspieler:

Trainiere deine Stimme.

Halte deinen Körper beweglich.

Entdecke immer wieder neue Figuren. Finde sie in Tieren, Gegenständen, vor allem aber in realen Menschen. Real bedeutet das: Lass Menschen aus dem wirklichen Leben dich inspirieren, statt den Umweg über Film, Comedy, Fernsehen und Impro-Klischee-Figuren zu gehen.

Als Improvisierer

Trainiere Spontaneität. Spiel immer mal wieder die Anfänger-Games.

Übe dich in Akzeptanz und Einsatzfreude.

Als Erzähler und Regisseur:

Übe dich im Geschichten-Erzählen. Jeden Tag. Selbst wenn du am Telefon ein Erlebnis berichtest, erzähle es spannend.

Trainiere, Zäsuren zu setzen.

Trainiere verschiedene Stile.

Baue auf deine Stärken, trainiere deine Schwächen.

SPIELE DIE SHOW, DIE DU SELBER SEHEN WILLST

Sich immer zu fragen: „Was will das Publikum?", führt zu billigem künstlerischen Opportunismus, in dessen Konsequenz man sich an den dümmsten anzunehmenden Zuschauer wendet: Das Spiel wird schal, vorhersehbar und uninspiriert.

Umgekehrt: Wenn man ausschließlich von der Bühne, also von oben herab denkt, tendiert die Improvisation zum Unverständlichen und Abgehobenen.

Kunst ist Kommunikation. Vor allem, wenn man regelmäßige Shows spielt, hat man gute Chancen, sich das Publikum heranzuziehen, das man verdient.

Fragt euch also: Welche Show würdet *ihr selbst* gern sehen. Was ihr dann daraus macht, kann massentauglich oder avantgardistisch sein. So oder so habt ihr dann ein freudiges künstlerisches Einverständnis zwischen Performern und Zuschauern.

Der eigene Geschmack ist ein guter Wegweiser, solange man für Neues offen bleibt.